30秒看世界

30秒认识天气

[英] 珍·格林 著
[英] 汤姆·伍利 绘
[英] 亚当·斯凯夫 顾问
何为之 译

中信出版集团 | 北京

图书在版编目（CIP）数据

30 秒认识天气 /（英）珍·格林著；何为之译 . --
北京：中信出版社，2019.7
（30 秒看世界）
书名原文：Weather in 30 Seconds
ISBN 978-7-5217-0732-8

I. ① 3… II. ①珍… ②何… III. ①天气 - 少儿读物
IV. ① P44-49

中国版本图书馆 CIP 数据核字（2019）第 117354 号

30秒认识天气

著　　者：[英] 珍·格林
译　　者：何为之
出版发行：中信出版集团股份有限公司
（北京市朝阳区惠新东街甲 4 号富盛大厦 2 座　邮编　100029）
承 印 者：北京利丰雅高长城印刷有限公司

开　　本：787mm × 1092mm 1/16　　印　　张：5　　字　　数：60 千字
版　　次：2019 年 7 月第 1 版　　印　　次：2019 年 7 月第 1 次印刷
京权图字：01-2018-7505　　广告经营许可证：京朝工商广字第 8087 号
审 图 号：GS（2018）5921 号
书　　号：ISBN 978-7-5217-0732-8
定　　价：460.00 元（全 20 册）

图书策划：见识城邦
策划编辑：肖雪　程时音　　责任编辑：卢建勇　曲沛然　于贺
营销编辑：杨璞　　装帧设计：象上设计
责任印制：刘新蓉

30秒认识天气

目录

极端天气 / 47

预测天气 / 61

气候变化 / 71

序

60秒介绍

在你开始读这本书之前，先看看窗外的天气。今天是暖风和煦、闷热潮湿还是寒风刺骨？外面是风平浪静还是清风徐徐？外面可能是晴空万里，可能是白云朵朵，也可能是落雨霏霏，还可能是雪花飞舞。所有这些，都是天气现象，或者说是某时某地的空气状态。

在世界上的一些地区，天气一连几天甚至几周都不会变，但在很多地方，天气瞬息万变，或黑云压城，或雨散云开。长久以来，我们只能猜测不断变化的天气，甚至就连气候——某一区域较长时间内的总体天气——也在缓慢变化中。

天气无时无刻不影响着我们每一个人，我们的衣食住行无不与此息息相关。本书将带你一起探索天气与气候的不同面孔，解释天气系统背后的神秘力量，描述全球各地影响我们的各种不同的天气。

从冰雹到飓风，天气似乎日渐恶劣。科学家认为，这是因为气候正在迅速变化。气候为什么变化，这些变化对未来可能意味着什么？我们将在本书中一起探索。

本书共分6章，包含30个与天气相关的主题，每个主题有一篇能在30秒内读完的主旨段落。觉得太长？不妨看看3秒钟可以扫完的一句话总结。随后，“3分钟任务”环节会带你更深入地了解天气背后的科学。在本书中，你将体验到各种天气元素的力量，因此不妨准备好遮阳帽、羊毛衫和雨靴，准备来一次短暂的狂野而美妙的全球天气之旅吧！

地球上的天气

地球上所有的天气都归因于太阳的热量所引起的空气流动——听起来不可思议吧？就是这样简单的过程产生了无数复杂的天气系统，例如暴风、雷暴和龙卷风。天气创造的能量非常巨大，人们有时可以利用它们驱动机械。本章主要讲述天气系统能量的来源——太阳，以及天气系统中相互作用的元素，例如大气层、海洋等等。

太阳

30秒大揭秘

太阳是距离我们最近的恒星，它是一颗由可燃气体组成的巨大星球。在太阳的中心，持续的核反应释放出巨大的能量，这些能量以光和热的形式向四面八方辐射。这是地球上天气的主要能量来源。

太阳的体积非常大，里面可以装下100多万个地球！太阳本身巨大的质量产生重力（引力），使得地球和其他行星围绕它旋转。地球到太阳的距离约1.5亿千米——不远不近，这也使得地球上的温度不冷不热，生命得以繁衍生息。

地球是个球体，所以地球上不同区域接受的太阳热量并不均衡。赤道附近长年阳光直射，接受的太阳辐射最强，因此终年高温——真让人愉快！从赤道向两极，太阳光越发斜射，直到两极附近，即使有太阳，也总是低垂在天边，显得热力不足。

这些差异使得地球上形成了三个主要的温度带：终年炎热的热带地区、温度适中的温带地区、天寒地冻的极地地区。

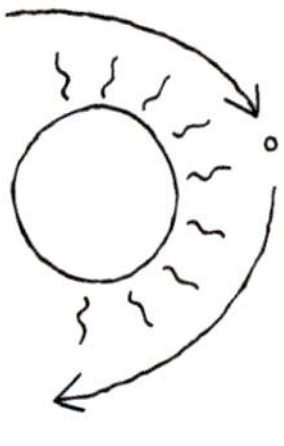

3分钟任务

测试太阳的加热能力

你需要：2张卡片、书（用来支撑卡片）、胶带和2支温度计

把2支温度计分别粘在2张卡片上，把卡片放在阳光下晒30分钟。把其中一张卡片的角度摆好，使温度计直面太阳。另一张平放，让它不直面阳光。从现在开始，每2分钟记录一次温度，直到温度停止上升。摆好角度直面阳光的那支温度计的读数会更高，因为它接受阳光直射，就像炎热的赤道附近地区一样。

3秒钟总结

太阳是天气的主要能量来源。

赤道接受的太阳热量最多，
两极最少

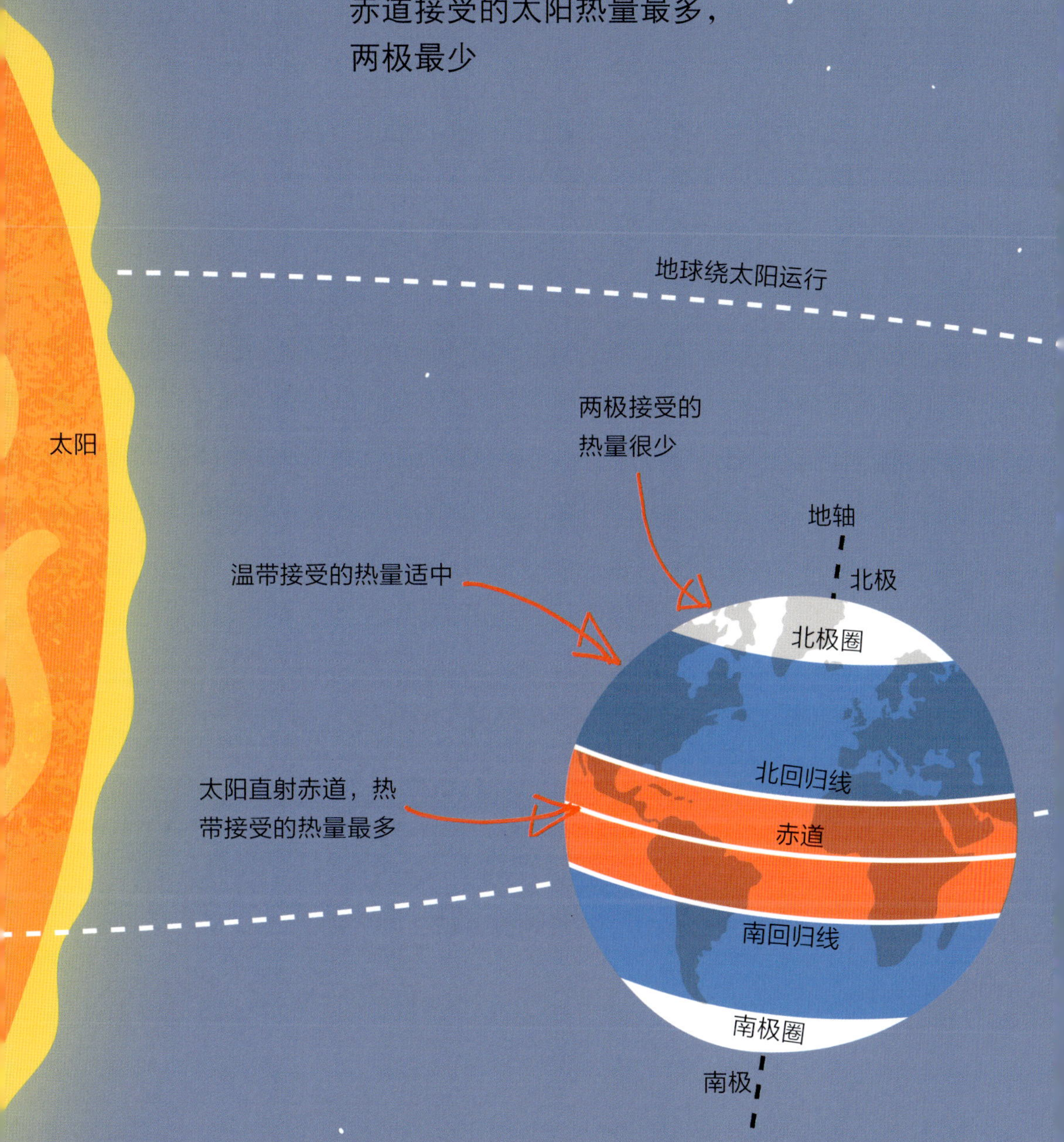

大气层

30秒大揭秘

包围地球的气体层叫作大气层。这层薄薄的气体稀释了太阳的热量，为我们提供了舒适的环境。如果没有大气层，就没有各种天气现象，地球表面将和月球一样寂静无声。

大气层中的空气主要由两种气体组成，大约五分之四是氮气，大约五分之一是氧气。还有其他气体，例如二氧化碳、氩气和水蒸气。

大气层向太空延伸至10 000千米以上。大气层分为5层，绝大多数空气集中在距离地面50千米以内的范围，除此之外的气体不过总量的千分之一。大气层的底层是对流层，它集中了75%以上的空气和99%的水蒸气。对流层也是各种天气现象的舞台，但旋转的空气使飞机的飞行条件变得恶劣，所以飞机一般都要在云层和天气系统上方飞行。

气体的压强称为气压。一般来讲，海平面上的气压最大。高度越高，空气越稀薄，可供呼吸的氧气也越少。所以，登山家都得靠瓶装氧气攀登世界最高峰。

3秒钟总结

大气层是包围地球的气体层。

3分钟任务

气压测试

你需要：装有小半杯水的塑料杯、卡片

用卡片盖住杯口。将杯子倒放在水槽内，紧紧压住卡片，封牢杯身，然后把手拿开——水在倒放的杯子里没有流出来！杯子周围的气压比里面的大，因此水就流不出来了。

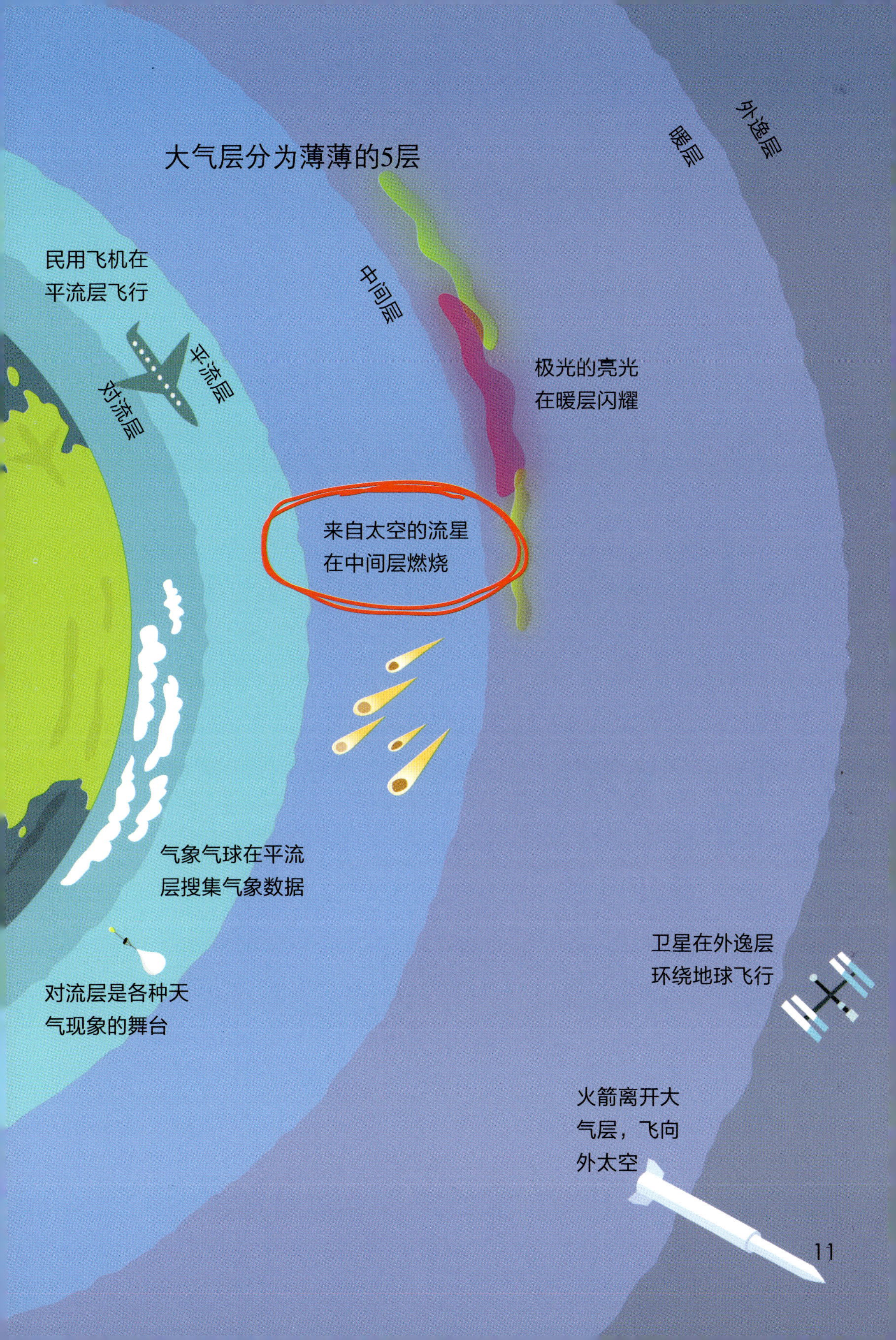
大气层分为薄薄的5层
外逸层
暖层
中间层
平流层
对流层
民用飞机在平流层飞行
极光的亮光在暖层闪耀
来自太空的流星在中间层燃烧
气象气球在平流层搜集气象数据
对流层是各种天气现象的舞台
卫星在外逸层环绕地球飞行
火箭离开大气层，飞向外太空

海洋

30秒大揭秘

我们居住的地球是充满水的星球，地球表面三分之二以上被海洋覆盖。所以，海洋对天气的影响非常巨大。海洋能够大量储存来自太阳的热量，再将它们输送到世界各地。

海洋的受热不均。赤道附近的热带海域是温暖的，而极地的海域是寒冷的，大部分被冰覆盖。不过，波浪、潮汐和洋流不停地搅动海水，这些都有助于传播太阳的热量。

洋流绕着地球旋转，形成一个巨大的圆圈，叫作环流，其形成与大陆的形状息息相关。来自热带海域的暖流向两极流动，使它们流经之处的土地变热。寒流则正好相反，其流经之处的土地会变冷。

与陆地相比，海洋吸收太阳光线的速度比陆地慢得多，释放热量的速度也更慢。因此，与海洋地区相比，大陆中部夏天更热，冬天更冷。所以，海洋在夏天时比陆地更冷，在冬天时比陆地更暖。

3秒钟总结

海洋将来自太阳的热量输送至世界各地。

3分钟任务

太阳、陆地和海洋

你需要：2支温度计、1罐土、1罐水

1. 把一只罐子装满土，一只罐子装满水，分别代表陆地和海洋。在2只罐子里各插入1支温度计。

2. 把2只罐子在阳光下放置一小时，记录温度。

3. 再把2只罐子在冰箱里放置一小时，记录温度。你会发现，土壤比水热得快，也比水凉得快。

暖流和寒流都会影响所经之处的天气

各大洲的陆地形状会影响环流

洋流绕着地球旋转，形成一个巨大的圆圈，叫作环流

来自极地的寒流向赤道流动

热带暖流向极地流动

风

30秒大揭秘

风是空气的流动。不管是微风徐徐还是狂风呼啸，风的产生都只与一个因素有关——气压差。

太阳的热量被海洋和大陆吸收后，其上方的空气变暖。暖空气比冷空气密度小，因此暖空气上升，形成低压区。冷空气涌向暖空气上升的地方，从而形成风。空气总是试图由高压区流向低压区，就像让空气从气球中释放出来一样。

风看不见摸不着，但可以通过两种途径测量它，一是风力（风速），二是风向。风向是以风的来向命名的，举个例子，北风就是从北方吹来的风。

在世界上大多数地方，风主要从一个地方吹来，这被称作盛行风。暖空气在赤道附近上升，流向两极后冷却下沉，回流至赤道。不过，风向并不像我们想象的那样正南齐北，因为它们也受地球自转的影响而弯曲。这种弯曲被称作科里奥利效应。

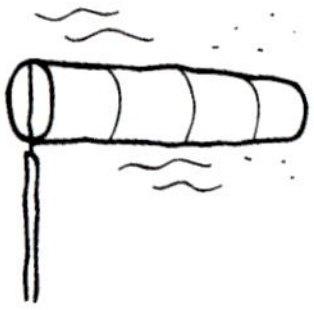

3秒钟总结

风是空气的流动，可以测出风力和风向。

小知识

蒲福风级

19世纪初，英国海军军官弗朗西斯·蒲福发明了一种测量风速的方法。这一标准分为13个等级，0级是静风，12级是猛烈的飓风。这一分级标准非常实用，人们一直沿用至今。

蒲福风级分为13个等级，0级为静风，12级为猛烈的飓风
0级
无风，风速小于1千米/时
海面光滑如镜
3级
微风，风速12～19千米/时
海面略有波澜
5级
清风，风速29～38千米/时
中浪，小树摇晃
7级
疾风，风速50～61千米/时
大浪，树身整体摇晃
10级
暴风，风速89～102千米/时
巨浪，大树被连根拔起
12级
飓风，风速大于118千米/时
狂风巨浪，破坏力惊人

天气的力量

30秒大揭秘

塑造了天气的能量也可以为人类提供能量，用以照明、取暖、烹饪和驱动机器。人们对风能和水能的应用已经有好几个世纪了。

过去，人们利用风能来驱动风车研磨谷物，利用河流流水或者雨水来带动水车。今天，风力发电机和水电站为我们供给电力，原理和以前的风车水车是一样的。人们还学会了捕捉波浪能和潮汐能。

我们也可以直接利用太阳能。太阳能发电厂能将太阳能转化为电能，人们可以在自家屋顶上安装太阳能电池。你知道吗？像手电筒、计算器、手机这种小型设备，也能利用太阳能进行运转。

几个世纪以来，人类主要依靠煤、石油和天然气等化石燃料作为能源。但这些燃料会造成严重的环境污染，且会走向枯竭。而只要太阳照常升起，只要还有风吹过，只要还有水流过，太阳能、风能和水能就不会枯竭。这些能源也是清洁能源，它们产生的污染非常少。

3秒钟总结

我们可以利用风能、水能和太阳能。

3分钟任务

风速大比拼

你需要：玩具风车、记号笔、秒表

用一个简单的玩具风车来做风速大比拼。用记号笔将风车的一个叶片做个标记，这样便于辨认。在室外微风徐徐的时候，把风车迎风放置，使用计时器来计算做标记的叶片1分钟转多少圈。再找个风力稍大的天气试试，比较一下。你的猜想是对的吗？

太阳、风和雨的能量创造了万千气象，也被用来产生能量
风力发电场
太阳能发电厂
风力发电场内通常有数百台涡轮机
水力发电站
阳光照射在一层特殊材料上，这种材料能够把太阳能转化为电能
流水的力量转化为电能
安装在屋顶的太阳能电池板把阳光转化为电能
验潮站
波浪运动产生的能量也可以用来发电

气候与季节

四季更替，我们是再熟悉不过的了，可是你知道这背后的原因吗？在世界上的很多地方，四季更替影响着气候，而气候是天气的规律。科学家通过多年的天气记录来构建某个地方气候的概貌，其中包括平均气温和年降水量。

气候

30秒大揭秘

天气与气候有什么不同呢？天气是指一定区域一定时间内空气中发生的各种气象变化，比如下雨或者下雪。气候的范畴更广，是天气的常规状态的描述，是若干年状态的积累。

影响气候的三个主要因素是：与赤道的距离（纬度）、陆地的高度（海拔）与海洋的距离。

我们知道，正是太阳照射的不均衡造就了地球上迥异的气候带：热带、温带和寒带。我们也知道海洋能影响气候，因为海水的温度变化比陆地更慢。相对来说，海滨地区一般冬暖夏凉。相比之下，内陆地区经常出现极端高温或低温，冬冷夏热，这属于典型的大陆性气候。

海拔高度也是影响气候的重要因素。一般来说，海拔越高，离地面越远，也就是离热源越远，气候也越来越寒冷。要想攀登热带地区坦桑尼亚的乞力马扎罗山，在山脚下时，你需要太阳帽遮阴，可到了山顶，你需要戴上羊毛帽来保暖——好一个高处不胜寒！

3秒钟总结

气候是某一地区多年的天气特征。

小知识

海边的天气

你去海边度过假吗？是不是觉得海边经常刮风下雨？那是因为来自海洋的潮湿气流到达陆地之后往往成云致雨。而陆地和海洋的温度差异是造成滨海多风的原因，这叫作海风。

纬度、海拔和与海洋的距离是决定气候的重要因素
积雪覆盖的山顶属于极地气候
山腰上层属于寒温带气候，生长着针叶林
山腰下层属于暖温带气候，生长着落叶林
雨林里是热带气候
寒带
温带
热带
温带
寒带
太阳光
海洋使海岸地区冬暖夏凉

生物群落

30秒大揭秘

不同的气候适宜不同的植物生长。带刺的仙人掌在沙漠里怡然自得，去了雨林绝对活不长久；同样，生长在雨林里的桃花心木要是被移栽到沙漠里，准会枯萎死亡。地球上各式各样的气候种类造就了巨大的栖息地，我们称之为生物群落。每一个生物群落都有其特定的植被类型，比如草原或者针叶林。

你知道吗？世界上近三分之一的陆地被树木覆盖。热带森林生长在赤道周边温暖潮湿的气候中。橡树这样的阔叶树木适宜在温带地区生长。有一条叫作泰加林的暗针叶林带，横跨北美、欧洲和亚洲，冷杉、松树和云杉生长在里面。在苔原寒冷的沼泽地里，只有小树木能够存活。

在气候比较干燥的地方，会出现草原生物群落。世界上的草原主要分两种：温带草原和热带稀树草原（又叫作萨凡纳）。如果某地几乎不下雨，就会形成沙漠。沙漠里也不是一片死寂，像仙人掌这种能在粗茎中储水的植物就能在沙漠里生存。然而在极地地区，植物非常稀少，因为那里终年被冰雪覆盖。

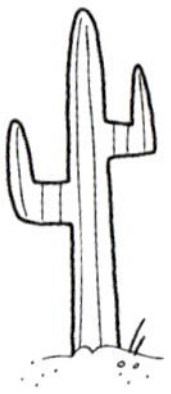

3秒钟总结

生物群落是生活在一个特定区域或自然生境中所有生物种群的集聚。

3分钟任务

它们生活在哪个生物群落中？

北极熊	沙漠
美洲豹	热带稀树草原
斑马	极地
骆驼	雨林

多样的气候造就了多彩的生物群落，下面是一些例子

小气候

30秒大揭秘

一个生物群落的面积可以大到数千平方千米，其中有很多小的生境，彼此之间气候略有不同，比如山谷或城市，就会形成自己独特的小气候。

你在爬山的时候有没有觉得越往上爬越冷？一般来讲，温度会随着海拔的升高而降低，大概每上升150米，温度降低1摄氏度。相比而言，谷地海拔较低，又有山脉的掩护，通常会具有较温暖的小气候。在谷底周围的山脉比较陡峭时，村镇基本上都会建在谷地向阳的一侧。

城市往往比郊区更暖和，因为住宅和办公楼会散发热量，热量又被周围的高层建筑吸收。这样一来，围绕城市上空就会形成热岛，让城区比郊区在冬天更舒适一点，而夏天却更炎热。

城市污染也会影响当地气候。车辆、工厂和发电厂会排放烟雾，这些烟雾会和阳光发生反应，形成危害健康的烟尘或灰霾。情况严重时，烟尘或灰霾遮天蔽日，令人难以呼吸。

3秒钟总结

小气候是与周围环境气候不同的小区域。

3分钟任务

海拔与温度

法国的高山小镇夏蒙尼海拔1 035米，坐落在阿尔卑斯山的一个山谷中，距离海拔4 810米的勃朗峰非常近，峰顶在镇上清晰可见。当夏日来临，夏蒙尼的气温达到令人舒适的25摄氏度时，勃朗峰顶又是怎样的温度呢？提示：算出两地的海拔高度差，并记住攀登时气温下降了多少。

山谷中间的村庄的小气候
比附近的山区暖和
有些山谷
非常陡峭
庄稼生长
在向阳面
山上往往比
山下更冷
村庄位于山
的向阳面
背阴面的地表
覆盖着积雪
谷底比上面的山坡暖和

为什么会有四季更替

30秒大揭秘

地球在围绕太阳公转的同时，也围绕地轴倾斜地自转，这是四季交替的成因。地轴是一条假想的直线，贯穿南北极。在太空中，地轴倾斜的方向是始终一致的。

赤道把地球分为对称的南北半球。当南半球向太阳倾斜时，南半球就会迎来温暖而充满阳光的夏天，昼长夜短。此时，正是北半球的冬天。地球不停公转，季节轮回——6个月之后，北半球朝向太阳。此时，就是北半球的夏天、南半球的冬天。

赤道附近的热带区域终年面向太阳，因此全年皆夏。这听起来很理想，但是热带的一些地区有旱季和雨季，降水分配很不均衡。温带地区冬冷夏热、四季分明，每个季节的长度也大致相等。

极地区域的季节变化最剧烈。在冬季，极地几乎完全背向太阳，奇寒无比，还会出现连续24小时不见阳光的极夜。在夏季，极地几乎完全面向太阳，太阳整天挂在天上。尽管如此，因为太阳的高度实在太低，所以天气依旧寒冷。

3分钟任务

四季更替模拟演示

你需要：带茎的苹果、中间有台灯的漆黑的房间

在漆黑的房间中央放置一盏台灯代表太阳，把苹果的茎想象成北极，另一端想象成南极。把北极向台灯（太阳）倾斜——这就是北半球的夏天。现在，保持苹果（地球）的倾斜角度不变，把它移到台灯（太阳）的另一边——南半球的夏天就此来临！

3秒钟总结

地轴的倾斜产生了四季。

地球围绕太阳公转，南北半球季节相反

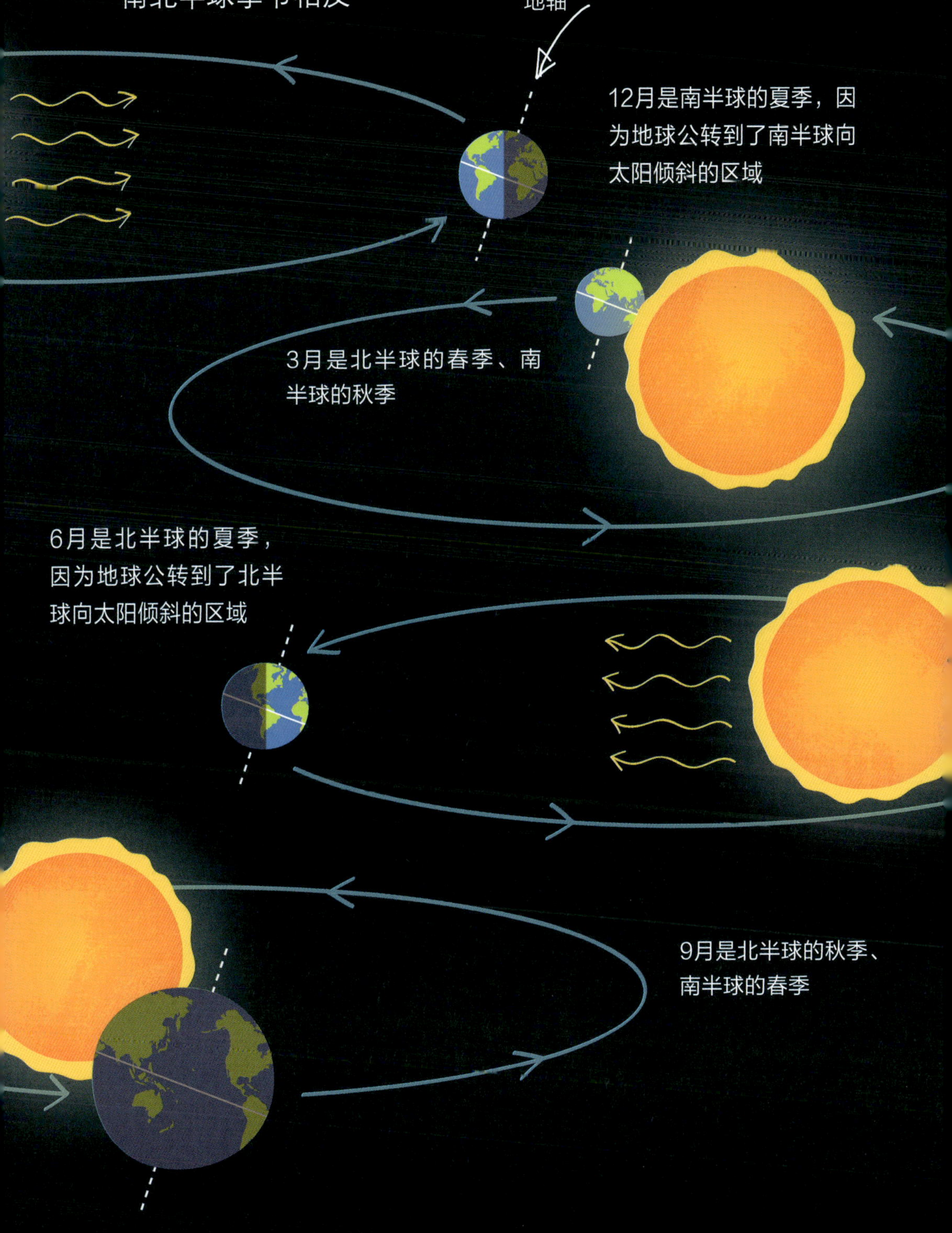

冷热环境中的动物

30秒大揭秘

北极熊要是去了热带估计会热得汗流浃背，斑马等热带动物去了北极则会冻得瑟瑟发抖。动物都习惯生活在熟悉的气候环境中，一代代不同种类的动物都会变得更加适应气候环境，这就是演化的过程。

北极熊生活在极寒的环境中。绝大多数极地动物的身体表面都覆盖着厚厚的毛皮，保暖效果很好。它们的毛皮下面是一层油脂，使身体与外界隔离。北极熊和其他动物有很好的办法来应对气候恶劣的冬季，那就是冬眠——一觉睡过去！一些鸟类和海洋动物则会飞向（游向）更温暖的地方过冬。

栖息地气候炎热的动物有别的适应方式。例如，在沙漠里生活的耳廓狐（亦称阔耳狐）和兔子有两只大耳朵，像散热器一样散发热量。骆驼则可以在沙漠里走上好几天都不用喝水。有些松鼠甚至会把自己长长的尾巴当作遮阳伞！这些动物的巢穴也多在地下或背阴处。

3分钟任务

温度与蒸发

你需要：两条毛巾、温度计

为什么拿湿毛巾擦完脸会让你感觉清爽很多？选个大热天来做下面这个试验：把两条毛巾中的一条打湿，然后一起放在太阳下晒20分钟，用温度计测量温度。你会发现湿毛巾的温度会比干毛巾低不少，那是因为湿毛巾里的水分蒸发，会带走大量的热。

3秒钟总结

动物已经适应了不同的气候。

生活在极地的动物需要适应寒冷，沙漠里的动物则需要对抗炎热

北极熊厚厚的毛皮可以抵御寒冷，即使是脚掌底部的毛皮也厚实无比

它们的腿部力量强劲，在冰面行走，在冰水里游泳，都毫不费力

毛皮是捕猎时最好的掩饰

北极熊捕食海豹和海象

生活在非洲沙漠的耳廓狐有巨大的耳朵，可以散热并保持凉爽

耳廓狐体表的颜色接近沙漠的颜色，有利于在猎物面前伪装

它们的脚底长有皮毛，可防止被炙热的沙子灼伤

不同的气候，不同的人

30秒大揭秘

人类已经适应了在不同的气候中生活。我们建造房屋保暖，或者开窗通风散热；我们通过穿衣来调节温度感受，同时开发各种技术，在不同的天气环境中自在出行。

你家的房屋有适应气候的设计吗？如果你居住在寒冷地区，你家的墙壁可能很厚，这样可以减少室内热量的散失，装上双层玻璃也是为此目的。如果你居住在炎热的地方，你家的窗户可能会是百叶窗，以保证通风和遮阳。在潮湿的气候中，房屋有时会建造在高跷一样的半空中，以躲避洪水。在降雪很多的地方，屋顶通常坡度较大，这样就不会有太多积雪压在屋顶上了。

衣物帮助我们在不同的温度环境中保持相对稳定的体温。天冷时，我们可以穿暖和点儿，毛皮帽子和围巾是不错的选择；天热时，我们可以穿凉快点儿，轻薄宽松的衣物就很适合。衣物颜色的深浅也有助于保暖或纳凉。

在极寒的天气中外出，人们常常借助雪地摩托——机械化雪橇在冰雪上穿梭；在炎热的沙漠里，出行的最佳工具是越野吉普车。

3秒钟总结

人们在穿衣、出行和居住上都有一套适应气候的方法。

3分钟任务

浅色和深色

你需要：白纸、黑纸各一张，温度计

把温度计在太阳下放半个小时，上面只盖一张白纸，看看温度升高多少。再拿黑纸试一次。从实验结果中，你知道天热时穿什么颜色的衣服更舒服了吗？

生活在不同气候中的人有不同的生活方式

生活在北极的人外出时会把自己裹在厚衣服里，借助雪地摩托在冰雪上滑行

在寒冷的气候中，房屋有厚厚的墙壁和双层玻璃，以保持热量

在气候炎热的地区，人们常会安装太阳能电池板来协助发电

房间会通过百叶窗来加强通风，抵御阳光

人们穿着轻便宽松，坐在阴凉处

洪水袭来时，人们驾舟出行

在潮湿的气候中，房屋建造在支柱上，在洪水来临时也能保持干燥

各种各样的天气

说起天气种类，你能举出多少种呢？地球上的天气多姿多彩，阳光灿烂、白云朵朵、狂风怒号……风中的云又可能带来降雨、降雪、雨夹雪、冰雹等等。雾、霜、霾这些天气现象的形成和湿度息息相关。所谓湿度，就是空气中水分的相对含量。

水循环

30秒大揭秘

你知道吗？水会在陆地、空气和海洋之间不停循环运动，这种现象被称作水循环。举例来说，家里水龙头里流出来的水可能来自云里，可能来自海里，也可能来自河流或湖泊里。

太阳照射到海洋和江河湖泊的表面，受热的水蒸发到空气中，形成水蒸气。水蒸气在空气中含量的多少可以用湿度来表示。暖热的空气能容纳更多的水蒸气，但随着空气上升变冷，水汽容纳能力下降，水汽就会重新凝结成水滴或冰晶，形成云朵，再以雨或雪的形式落下。

下雨时，部分雨水渗入地面，被植物吸收，但大多数雨水会直接流入江河湖泊之中，最终回归大海，从而完成一次完整的水循环。

你有没有在白天伸手不见五指的经历？那多半是雾气作祟。可以把雾理解成是近地面的云——暖湿空气接触到寒冷的地表（或者江河湖海的表面）时所形成的云。

3分钟任务

水循环DIY

你需要：一只大碗、一个小玻璃杯、一片保鲜膜、一块鹅卵石

在大碗中盛上清水，碗中放置玻璃杯。把碗和杯子用保鲜膜盖紧，把鹅卵石放在杯口上方，再把它们放在向阳的窗台上几天，你会发现杯子里有水！这是因为太阳的照射使得碗里的水蒸发，在保鲜膜上凝结后流进了杯子里。这和下雨是一个道理。

3秒钟总结

水在地球上不断循环，形成水循环。

水分在受热时蒸发到空气中，
遇冷时凝结落下
云的形成是降雨
的必需条件
空气上升冷却，
水汽凝结成云
太阳的热量让江
河湖海中的水汽
蒸发到空中
绝大多数雨水会
直接流入河流和
湖泊，回归大海
部分雨水渗入土壤，被
植物通过蒸腾作用吸收

云

30秒大揭秘

你有没有想过，云是怎样形成的？云是浮动的水汽，一朵云是由成千上万个微小水滴或者冰晶组成的。这些水滴和冰晶非常轻，可以在气流中飘浮。

暖湿空气上升冷却时就会形成云。水蒸气在空中遇上极小的微粒时，就会以微粒为凝结核形成水滴（温暖时）或冰粒（寒冷时）。虽然水蒸气本身不可见，但水滴或者冰晶大量积累，就会形成白色或者灰色的云朵。

现在看看窗外——能看到云朵吗？这些云能告诉你接下来的天气将会是怎样的。云的形状与其高度、移动速度和周边的水汽含量有关。长得像一堆麦穗的卷积云出现时，往往预示着好天气；而高高耸立、顶部平整的积雨云出现时，就要当心雷暴了！

卷云是一种束状或条状、位置很高的云，常由小冰晶组成。当一簇簇的卷云形成马尾状出现在天空中时，暴风雨就要来了。层云像一张平整的灰毯一样覆盖整个天空，高度不会太高。这种云可能会带来雨或雪，或者只是沉闷的一天。其他种类的云多是积云、卷云和层云的组合。

3秒钟总结

云有各种各样的形态，它们都是飘浮在空中的水汽。

3分钟任务

做一朵云彩

你需要：锡盖、盐。

这个小实验需要在闷热的浴室里面做。把几粒盐放在锡盖上。几分钟过后，盐粒就会变成小水珠，这和空气中的水分围绕凝结核凝结是一个道理。

云的不同形态能帮助你预测天气

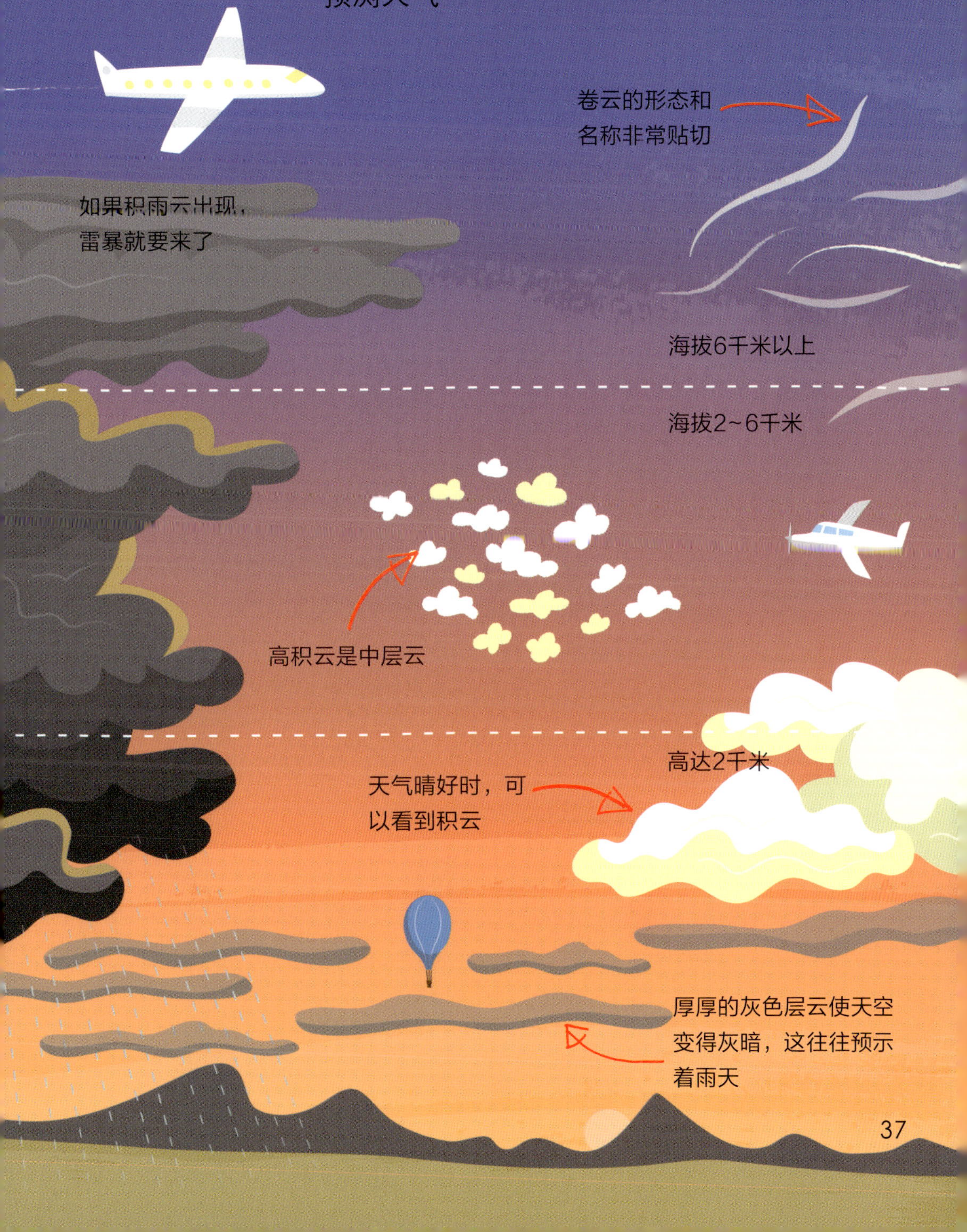

为什么会下雨

30秒大揭秘

云中的水汽终究会以雨、雨夹雪或冰雹的形式降落。液态或固态的水落到地面的过程，被称为降水。

形成云的小水滴和小冰晶是靠上升气流托举的。但如果这些小水滴和小冰晶彼此聚集，越变越大，越来越沉，气流无法托举，就会以雨的形式落下。如果雪或者冰雹在下落过程中融化，它们也会变成雨。

每滴雨水都是由上百万颗小水滴组成的。画画时，你会把雨滴画成泪滴的形状，其实雨滴都是球形的——较大的雨滴可能是扁球形的，就像汉堡包那样的形状。

还记得你上一次见到彩虹是什么时候吗？当阳光穿过正在降落的雨滴时，就会产生光线的折射，阳光中的赤、橙、黄、绿、青、蓝、紫光就此分道扬镳，形成彩虹——彩虹永远出现在阳光的背面。

3秒钟总结

水滴变得太沉，空气无法托举，就会以雨的形式落下。

3分钟任务

制造彩虹

你需要：在晴朗的一天准备一杯水、一张白纸

这个实验得在晴天来做。把盛水的玻璃杯放在阳光下的桌子边缘——保证杯子有一点儿悬空，但要确保它不会掉下来！把白纸放在桌子边缘的地上，调整白纸和水杯的相对位置，就可以在适当的角度看到纸上的彩虹。

水汽凝结成云，降落成雨

冰晶在下降的过程中常受热融化成水，但近地面如果足够寒冷，就会以雪的形态落下
云的顶层是冰晶
雨滴形状
1毫米
2毫米
3毫米
水滴
冰晶
云的底部只有水滴，水滴凝结形成雨滴
当阳光穿透雨滴发生折射时，就会形成彩虹
当空气无法托举其中的水滴时，就会以雨的形式落下

降雨模式

30秒大揭秘

雨水滋养着陆地上的各种生物，人类也需要雨水来饮用、灌溉或作为工业用途。但是，地球上的降雨并不均衡，有些地方常常暴雨成灾，而有些地方一年到头也下不了几滴雨。

热带滨海的地方降雨常常很多，这要感谢来自海洋的湿润空气。潮湿的环境、丰沛的降雨也养育了茂密的雨林。在大陆的中心附近，远离潮湿的海风的地方，可能会有寸草不生的沙漠。

你知道吗？其实南北极也像沙漠一样干燥少雨。南北极并不缺乏水资源，却被封在冰层里——不会形成云，几乎没有降雨。

有的时候，你会发现离某个降雨很多的地方几千米开外就会非常干燥，尤其是在山区。湿润的空气从海洋吹拂而来，遇到山脉的阻挡，爬升变冷，凝结致雨，这是发生在山脉靠近海洋一侧的情形。当云翻山越岭之后，湿气已经被消耗殆尽，在山脉远离海洋一侧形成降水稀少的雨影区。

小知识

季风气候

生活在温带的你，已经习惯了一年四季都有雨天和晴天；然而对于热带的某些地区而言，情况却不大一样。热带季风气候覆盖的区域有雨季和旱季两个截然不同的季节，天气从一个极端跳跃到另一个极端，处在季风路径上的印度就是个很好的例子。在夏季，来自海洋的潮湿的风常常带来瓢泼大雨。在冬季则处于来自中亚内陆深处的干燥季风控制下，几乎滴雨不落。

3秒钟总结

有些地方降雨很多，而有些地方几乎不下雨。

不同的地方降雨量不同。这座山的一侧雨量充沛，另一侧非常干燥

雪、雨夹雪、冰雹、霜冻

30秒大揭秘

高空中的气温常常在零度以下，这足以形成降雪。云中的湿气遇冷形成冰晶，不断互相吸引接近，聚合增长，最终形成雪花落下。如果地面的温度刚好在零度以上，雪花就会处于半融化状态，形成雨夹雪。

一片雪花通常包含100多片冰晶，这些冰晶排列成格子状。所有雪花都是六角形的，其实，没有哪两片雪花是一模一样的。

当暴风云中的冰粒上下翻滚时，就会形成冰雹。每次冰粒上升和下降，都会增加一层新的冰。在云层附近，水汽遇到了凝结核会快速冻结，增加结霜层。

霜冻是因为近地面水汽遇冷，而在草地、树叶等寒冷的表面凝结而成的。冬天晶莹剔透的羽状窗花，其实就是在窗户外层的霜。当树叶等寒冷的雾笼罩大地时，雾中的水滴会在树枝上凝结，形成一层厚厚的霜，叫作雾凇。

3秒钟总结

雪、冰雹和霜冻都是冰的形态。

小知识

霸王冰雹

大多数冰雹是豌豆大小的，但也有些大如网球，最大的冰雹有葡萄柚那么大！史上最大的冰雹出现在2010年美国的南达科他州，直径20厘米，重880克。被这样的大家伙砸头，可是谁都不想遇到的！

冰可以形成雪花、冰雹、雨夹雪和霜冻

雪花

组成雪花的是一个个单晶，呈六角形生长

冰雹

冰雹由一层层冰冻的水构成。如果把冰雹切成两半，就能看到它的分层。大冰雹在慢慢变大时，要想停留在空中，雷暴云中的云必须上升得非常快

雨夹雪

如果雪花穿过一层较暖的空气，就会部分融化，形成雨夹雪

霜在地面形成，在晴朗寒冷的冬夜经常能见到

高气压、低气压、锋面

30秒大揭秘

空气的升降会产生不同的气压区。当空气上升时，其下方形成低压区，周围的空气就会围绕低压区旋转。如果因为表层空气摩擦等原因造成旋转速度不够快，低压区内的空气就会不断聚合、上升。低压区内的水汽上升，膨胀，冷却，成云致雨。这种不稳定的天气通常会持续好几天。

当空气下沉时，就会形成高压区。高压区内的空气受到挤压而变暖，难以凝结形成雨云。因此，高压区内的天气常常风和日丽、万里无云。

天气预报中常常提到“锋面”。可以把锋面想象成冷暖空气交界处的陡峭“断面”，至于是冷锋还是暖锋，得看向前移动的气团是冷是暖。在暖锋中，暖空气在冷空气上方慢慢滑动、上升、膨胀、冷却，进而使水分凝结，形成云和毛毛雨。相比之下，冷锋的戏码就要多得多。在冷锋中，冷气团快速插入暖气团下方，使暖气团快速上升。水分迅速凝结可能带来雷暴、暴雨等极端天气。

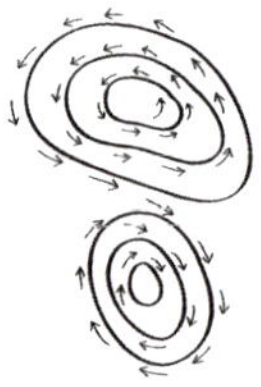

3分钟任务

动手制作一个“低气压”

你需要：半杯茶（水底有茶叶）和茶匙

围绕高低气压中心旋转的空气和拔掉塞子之后旋转流出的池水，在形态上有几分相似之处。拿杯茶水试试：用茶匙搅拌茶水，看看在杯中央聚集、缓缓上升的茶叶，和低压系统中向心聚集、上升的空气，是非常相似的。

3秒钟总结

不同的气压和温度导致不同类型的天气。

暖锋通常带来云和小雨，
冷锋则有可能带来雷暴

极端天气

风清气朗的天气如此可爱，以至于人们常常忘了它狂暴的一面。极端天气现象包括雷暴、暴风雪、冰雹、飓风、龙卷风等等，这些恶劣的天气常常具有惊人的破坏力。在本章中，我们一起来看看这些危险天气会给地球带来怎样的灾难。

雷暴

30秒大揭秘

全球每年的雷暴次数大约是1 600万次，平均每天有4.5万次！雷暴是最常见的极端天气。它是如何产生的呢？

在高高的雷雨云里，强大的气流使水滴、冰雹和冰晶相互摩擦，摩擦力因而累积产生静电。这时，雷雨云的云顶会聚集大量正电荷，而负电荷多聚集在云底。相应地，雷雨云下方的地面也聚集着不少正电荷。

当电荷足够大时，雷雨云内、雷雨云中间或者雷雨云与地面之间，就会形成强有力的电火花，这时你会看到一束闪电。当闪电穿越空气时，其附近极小区域内的空气被瞬间加热，使空气急速膨胀，这就产生了巨大的冲击波——轰！雷声阵阵。

闪电和打雷同时发生，但你通常会先看到闪电再听到雷声，这是因为光速比声速要快。掐下秒表，看看从看到闪电到听到响雷经过多久，能够大致估算风暴和你的距离。光速非常快，几乎瞬间到达，声速大约每1千米需要3秒钟。所以，如果你在看见闪电后15秒才听到雷声，那么风暴的位置大概就在5千米开外。

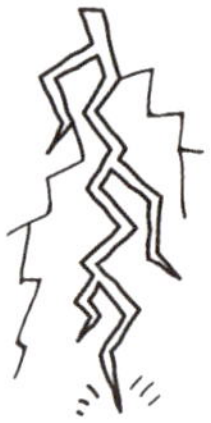

3分钟任务

静电DIY

你需要：充满气的气球、塑料袋（越薄越好）、毛巾

从塑料袋中间剪出2.5厘米的小条，做成一个圈。将塑料环放在桌子上，拿毛巾擦一下。然后把气球在头发上摩擦几下，把塑料环抛向空中，把气球放在塑料环的正下方——你会发现塑料环浮在气球上方！这是因为塑料环和气球是带电的，互相排斥。

3秒钟总结

雷暴是由云层中强大电荷引起的。

当电荷在云中积聚时，
就会发生雷电
正电荷在云顶聚集
负电荷在云底聚集
闪电也可以在
云朵间跳跃
正电荷在下方的
地面聚集
强大的电火花从云层
中跃至地面——闪电

飓风

30秒大揭秘

飓风是一个直径可达1 000千米的巨型旋转风暴。从太空看，飓风好像一朵旋转着的巨型烟花在地球表面快速移动。飓风是自然界中最具破坏力的力量之一。

发生在大西洋、墨西哥湾、加勒比海和北太平洋东部的被称为飓风，发生在西太平洋和南海的被称为台风，发生在印度洋上的被称为旋风。

飓风通常生长于夏秋季节高温高湿的热带海洋上空，初期是一团雷暴。暖空气快速上升，风暴中心气压降低。当更多的空气上升，更多的水凝结成暴雨时，风暴围绕这个低压旋转得更快，释放热量，进一步加剧了风暴。

飓风中间有一处风平浪静之地——风眼。但在风眼附近的暴风旋涡周围，风速可高达300千米/时，和高铁一样快。

飓风带来的狂风暴雨会给陆地带来巨大的灾难，尤其是当它登陆时。风眼附近的旋转风会造成中心附近气压极低，在海面上很容易吸水形成风暴潮。风暴潮一旦登陆，将使海岸附近狂涛巨浪，满目疮痍。

3秒钟总结

飓风是地球上最强的风暴。

小知识

肆虐的风暴潮

2013年，台风“海燕”横扫菲律宾中部，引起时速超过270千米的狂风和超过7.5米高的风暴潮。台风摧毁了沿海地区，造成约6 000人丧生，更有近400万人流离失所。

飓风在海洋中生成，一旦登陆，破坏力巨大

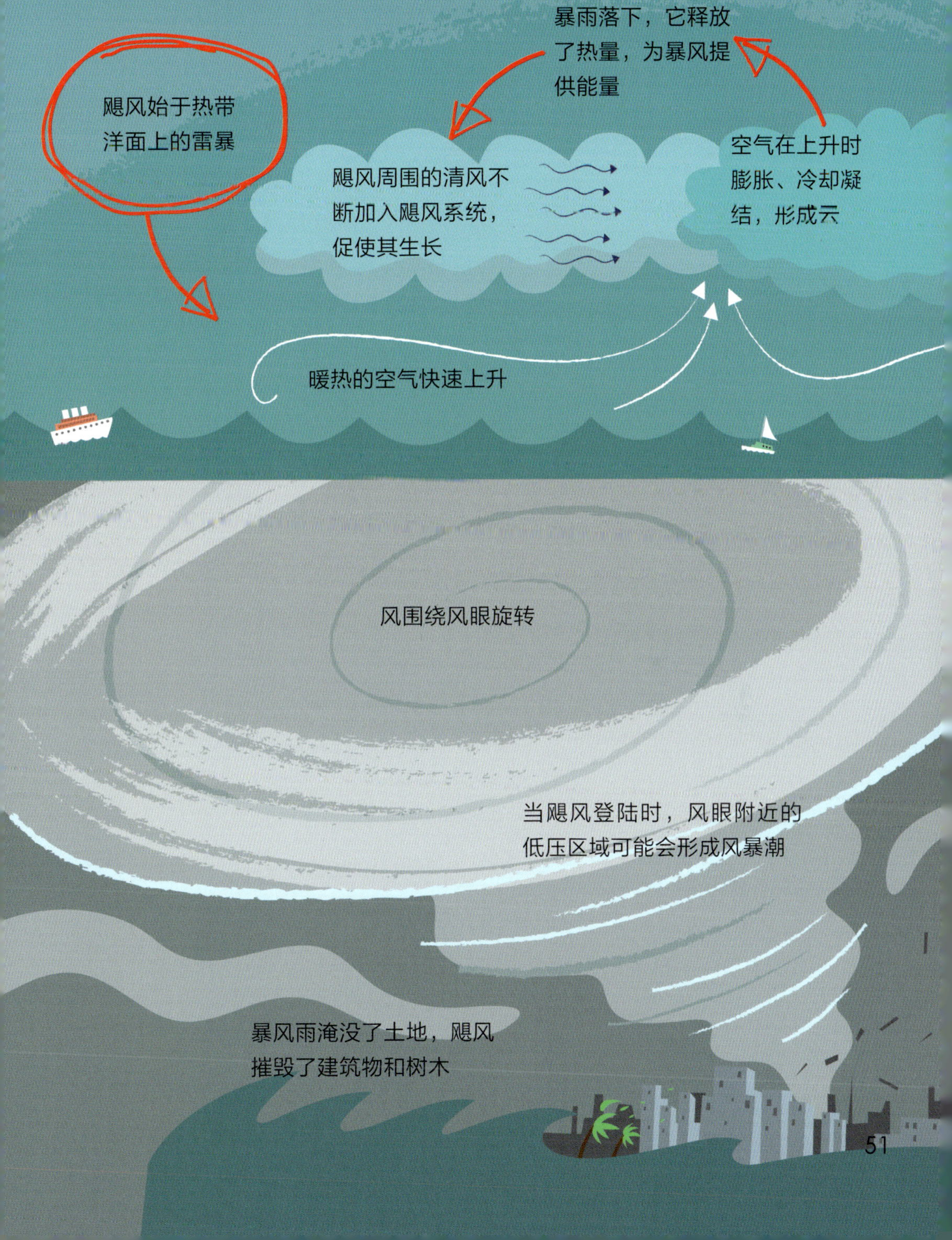

龙卷风

30秒大揭秘

龙卷风是一种猛烈的旋风。和飓风相比，龙卷风是个小不点——一般直径只有1千米上下；而且和生命周期长达数天的飓风相比，龙卷风的寿命一般只有几分钟至几小时。但龙卷风的威力比飓风更大，其最高风速可达480千米/时，是世界上最快的风。

龙卷风形成于陆地，派生于超级单体这种能量巨大的雷暴。当空气受热，呈螺旋状上升时，会在云下形成一个叫作涡流的气旋，看上去像一条从天上延伸下来的隧道，也像一只象鼻。当这只鼻子接触到地面时，就会形成龙卷风。

旋转的空气会产生像真空吸尘器一样的巨大吸力。汽车、卡车、船只、车棚都会被气流像玩具一样地在空中甩来甩去，房顶被掀翻更是家常便饭。龙卷风经过之处，会留下一条狭长的破坏地带，所到之处一片狼藉。

有的时候还会出现龙卷风群，在美国的中南部尤其常见，特别是被称为“龙卷风走廊”的风暴多发地区。1974年，一个由148次龙卷风组成的龙卷风群袭击了那里，破坏地带长达4000千米。

3分钟任务

龙卷风下的防护措施

龙卷风的威力十分巨大，破坏力也相当惊人。想想你家的房子，能经受住猛烈的龙卷风的摧残吗？如果你是建筑设计师，身处一个龙卷风频繁出现的国家，你应该如何设计你的建筑，使其免遭强风破坏呢？想想看，然后上网去搜寻一下实例，看看别人的想法和你有哪些相似之处。

3秒钟总结

龙卷风是带有破坏性强风的旋转气柱。

旋转的龙卷风持续时间不会太长，但破坏力十足

围绕低气压旋转的风产生了巨大的离心力，向外推动，就像你坐车经过环岛时所感受到的力一样

当空气向上旋转时，龙卷风在雷雨云的下方形成

一条暗无天日的空气隧道在云下形成

极低的中心气压形成巨大的吸力

龙卷风会留下一条满目疮痍的破坏带

沙漠与干旱

30秒大揭秘

试着描绘一下沙漠的图景吧。你能想到的一定是一处沙石遍地的酷热之地。不错，像撒哈拉沙漠这样的地方白天确实热得吓人，但到了晚上却很冷，因为空中没有云层保温。有些沙漠地区就连白天也冷得很。实际上，多数沙漠地区的土壤是石质的，根本没有沙子。

不过有一点是一致的，就是这些沙漠地区都极端干旱，年降水量在250毫米以下。世界上许多大沙漠都位于赤道以南15°至30°的带状区域内。在这些地区，干热空气下沉，这阻止了积雨云的形成。

极端干旱的条件在沙漠里很正常，干旱很难被预测。所谓干旱，是指某处本来风调雨顺的区域内，出现本不应有的长时间干燥少雨的天气。河川断流、湖泊干涸、庄稼绝收、动物干渴而死……除此之外，干燥的天气还会引发森林大火，人们不得不忍饥挨饿，背井离乡。

20世纪30年代，美国中西部遭受了有史以来最严重的干旱之一。持续多年的异常干旱天气让地表难以保持水土，空中尘土飞扬。很多农户被迫迁徙，土地花了好些年才恢复原状。

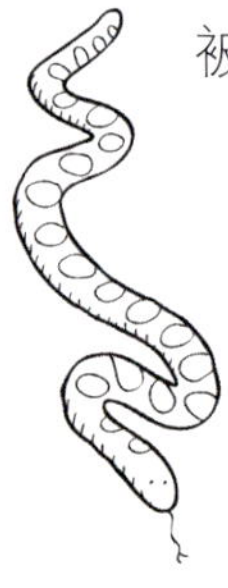

3秒钟总结

沙漠是本身就非常干燥的区域，干旱是一种异常的天气状况。

小知识

旱魔之下

澳大利亚经历过几场严重的旱灾，这对当地农业来说是毁灭性的；城里人也不得适应重复使用“灰水”（洗浴用水）的生活；水处理厂过滤了海水中的盐分，使其可以安全饮用。这些经验和做法都值得其他干旱地区学习，尤其是像浇花、洗车，完全可以使用“灰水”一类的再生水。

干旱袭来时，会带来沙漠般的环境，毁坏农田，杀死庄稼和牲畜

洪水

30秒大揭秘

世界上有些地方非常干燥，有些地方的问题却恰恰相反——这些区域面临着来自江河湖海的洪水的威胁。

洪水主要分两类：一类来自河流，一类来自海洋。河流洪水常出现在暴雨之后，尤其是在热带地区的雨季。河流可能会决堤，淹没沿岸的土地。2011年，东南亚遭受了严重的季风洪水灾害，肆虐的洪水席卷泰国、越南和柬埔寨，夺走了1 800多条人命。

沿海洪水可能由高潮位、海洋风暴、飓风或海啸等引起。海啸是由地震产生的巨浪引起的。

还有一种在山谷地区常见的洪水，很少有预兆，却来势凶猛。这种洪水的起因是局地性很强的暴雨，短时间内的强降水倾泻而下，沿途将道路、桥梁、车辆和房屋统统冲毁。2004年，在英国康沃尔郡一个狭窄的山谷里，两小时下完了平常年份一个月的降雨量，这引发了山洪暴发。博斯卡斯尔村几乎被夷为平地，损失惨重。

这种局地暴雨在沙漠中也可出现。石质的土地几乎没有吸收水分的能力，降水几乎全部形成地表径流。水流在沙漠中的山谷和干河床里奔流，直至蒸发殆尽。

3秒钟总结

洪水主要威胁河谷和沿海地带。

小知识

暴雨天

2013年6月，印度北部遭遇特大暴雨。暴雨通常只持续几分钟，但这次的暴雨却整整下了4天。暴雨引发了洪水和山体滑坡，桥梁被冲毁，整个村庄荡然无存。

狭窄谷地内的暴雨常导致山洪暴发，严重威胁人类家园

暴风雪和冰雹

30秒大揭秘

你有没有亲身经历过一场暴风雪，或是感受过冰雹的威力？暴风雪又叫风吹雪，呼啸的狂风夹杂着飞扬的雪花，几乎把人的视线全部遮挡——整个天地一片白茫茫。2010年，美国东部地区遭遇了有气象记录以来最严重的暴风雪天气之一，有的城市积雪厚达75厘米。公共汽车、火车和地铁停止运行，机场关闭，许多人因此被困。

暴雪可能会带来恐慌，积雪压断树枝、电线，造成电力供应中断。如果积雪阻断道路，车辆难以出入，这片区域的人将不得不忍受一段时间的隔绝与煎熬。

在陡峭的山区，大雪可引发雪崩。一大片雪突然从山上冲下来，沿途的树木、房子和人，都被卷走了。

冰雹的破坏力也不容小觑。高尔夫球大小的冰雹能打碎玻璃屋顶、天窗和汽车的风挡玻璃。1995年5月，美国得克萨斯州沃斯堡市遭受冰雹袭击，经济损失高达20亿美元，有14人遇难。

北美洲也是冰雹灾害的高发区。冻雨使道路、房屋和电线上覆盖一层厚厚的冰，会对建筑物造成破坏，引发交通事故。

3秒钟总结

严冬天气对生命有严重的威胁。

小知识

“冰陨石”

“冰陨石”是一种巨大的冰粒，可能来自飞机。当其从空中下落时，会带来巨大的危险。2007年，一块重达9千克的“冰陨石”在西班牙的晴空中从天而降，砸穿了一个仓库的屋顶。

村庄、城镇甚至城市在暴风雪中都可能被大雪掩埋
狂风暴雪
积雪夹杂着碎石从山顶迅速滚下，形成雪崩
如果电线被毁坏，电力供应就会中断
冰雪阻塞道路，积雪会掩埋车辆
积雪压断了树枝

2
6
8
10
12
5
15

预测天气

谁都想知道第二天的天气，而最可靠的途径就是天气预报。气象科学不是一门新兴学科，但天气预报方法的革命性进展，也就是最近30年左右的事情。以气象科学为基础，依靠更加精确也更加复杂的计算机模型，天气预报的准确度逐步提升——但是，总会有意料不到的时候！

研究天气

30秒大揭秘

气象学是对天气的科学研究，从事这项工作的人被称为气象学家。天气预测本身并不新鲜，但高新技术设备的应用，让天气预测更加精确。

很多记录天气现象的仪器其实并没有太多高新科技的元素，像温度计和气压计，原理都很简单。风速计有在风中旋转的风杯来记录风速，雨量计可以记录降雨和降雪的大小。

天气状况的记录依赖于陆地上和海洋中（有的是在船上，有的仅仅是气象浮标）的气象站。在空中，气象飞机装备了雷达和氢气球，用来测量云层和高空条件。

现在，我们只需要把上面这些信息输入超级电脑。电脑计算所预测的天气，比我们以前通过人工运算能得到的精准很多，尤其是短期（几天内）的预报，可以做到非常精准。但是，要预测未来几周的天气，仍然非常困难。

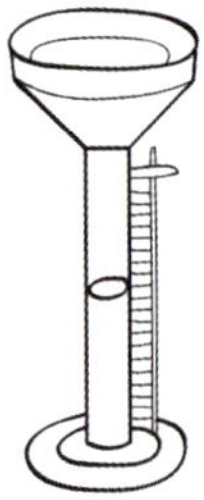

3秒钟总结

科学家利用各种不同的设备来研究天气。

3分钟任务

制作雨量计

你需要：塑料瓶、剪刀、尺子、透明胶

小气象学家，准备好了吗？把塑料瓶拦腰剪开，上半部分上下倒置，做成漏斗。把直尺竖立粘贴在一旁测量降雨量。把这部简易雨量计放在室外，如果遇上雨天，记得每天检查并清空一次。一周后，看看总降雨量是多少。

气象学家通过世界各地的气象站来监测天气信息，这些信息可以用来预测天气

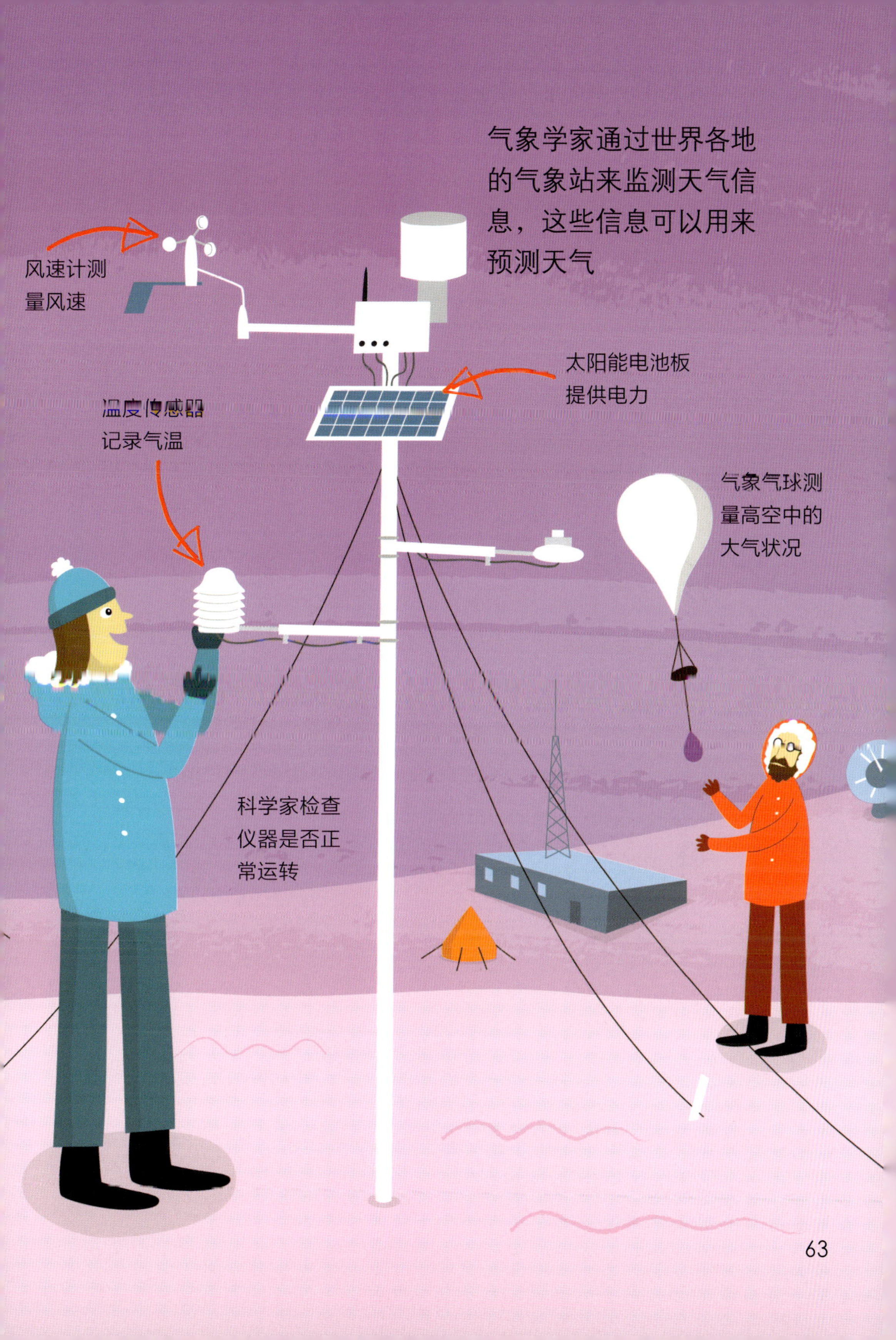

卫星

30秒大揭秘

天气预报怎么知道要下雨呢？气象学家利用围绕地球运行的卫星来收集天气数据。这些卫星装载了能拍摄云层的摄像头，这些摄像头也能跟踪风暴和飓风。这些信息能帮助气象学家计算风暴未来的路径，这样可以提早预警，降低损失。有的卫星上装置了红外摄像头，可以记录温度和湿度。

气象卫星也可以监测城市烟雾、森林火灾产生的烟雾、火山爆发形成的火山灰，以及跟踪洋流。这些“天眼”通常是自动操作的，但它们也可以从地面控制。

世界上首颗气象卫星“泰洛斯1号”（TIROS-1）于1960年4月1日发射升空。这颗卫星的主要任务是电视转播，但也搭载了不少可用于气象监测的红外仪器。在接下来的几十年里，气象卫星技术的进步，给天气预报工作带来了根本性的变革。卫星可以收集全球各地的气象数据，即便是那些荒无人烟、难以到达的地区。

气象卫星主要分两种。对地静止卫星的轨道高度为约3.6万千米，每24小时绕地球一周。极轨卫星每1～2小时绕地球一周，轨道高度约为850千米。

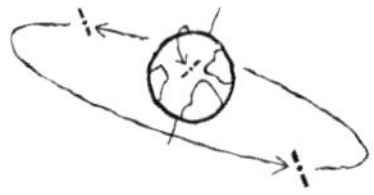

3秒钟总结

气象卫星记录云、风暴、温度和湿度等数据。

3分钟任务

实时卫星图像

选择一个位于世界不同地区的国家，上网搜索实时气象卫星图片，找到这个国家的实时天气情况。云图和天气情况有什么相同和不同之处？如果你生活在那种气候下，你的生活会有什么不同？

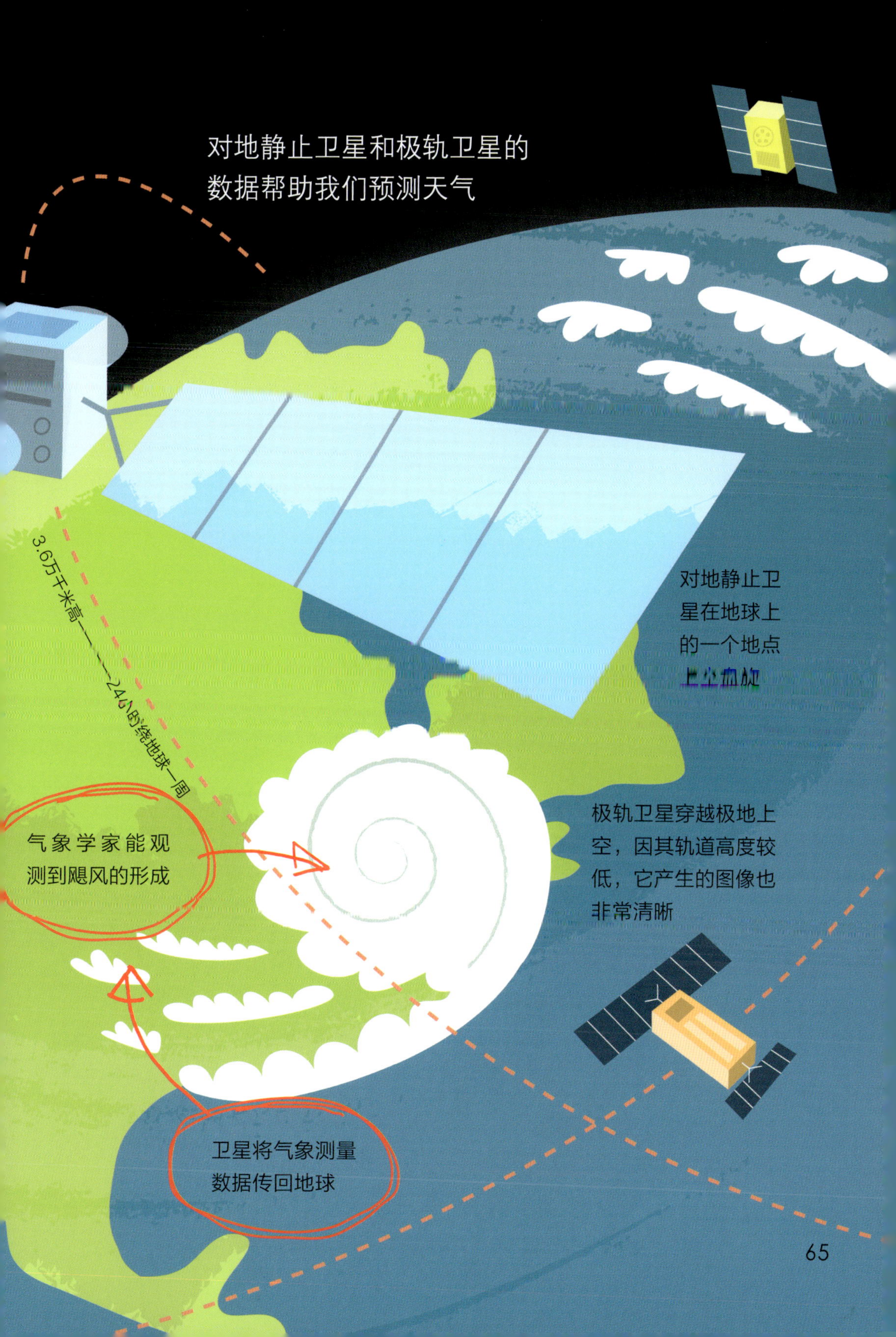
对地静止卫星和极轨卫星的
数据帮助我们预测天气
3.6万千米高——24小时绕地球一周
对地静止卫星在地球上的一个地点上空盘旋
极轨卫星穿越极地上空，因其轨道高度较低，它产生的图像也非常清晰
气象学家能观测到飓风的形成
卫星将气象测量数据传回地球

天气预报与天气图

30秒大揭秘

明天出门的话，是戴太阳镜还是穿雨衣呢？看看天气预报，或许答案就清楚了！

我们的生活很难离开天气预报。对于那些常在室外工作的人（比如农民、修路工人和海岸警卫队员）来说，天气预报的重要性格外突出；对于航空、火车和铁路公司来说也是如此。天气预报还能保障我们的安全，如果强降雪、冰雹或者洪水即将出现，气象台就会发出预警，提醒人们早做准备。

天气预报在天气概览图上显示。之所以称作“概览”图——哪儿都看，是因为图上的天气信息是用同时从许多不同地方获得的数据制作的。

气压的高低对天气有很大影响，因此气压是天气图的主角之一。等压线将气压相同的区域连接起来。等压线围绕低压区和高压区形成环，分别对应不同的天气类型（见第44页）。

在天气图上，常用不同的符号来表示冷锋和暖锋；这些锋面一旦出现，常意味着阴雨天气即将来临。天气图上也会显示风速和风向。现在，你应该不会对天气预报中的天气图感到陌生了！

3秒钟总结

天气预报对人们提前安排工作和生活有很大的帮助。

3分钟任务

松果报天气

在过去，人们常借助自然物体来预测天气，松果就是个好例子。天干物燥时，松果表面的褶皱张开；天阴欲雨时，松果吸收水汽，收紧褶皱。捡一只松果试试看，到底灵不灵？

天气数据被收集并输入电脑，电脑做出预测，并以天气图的形式呈现出来

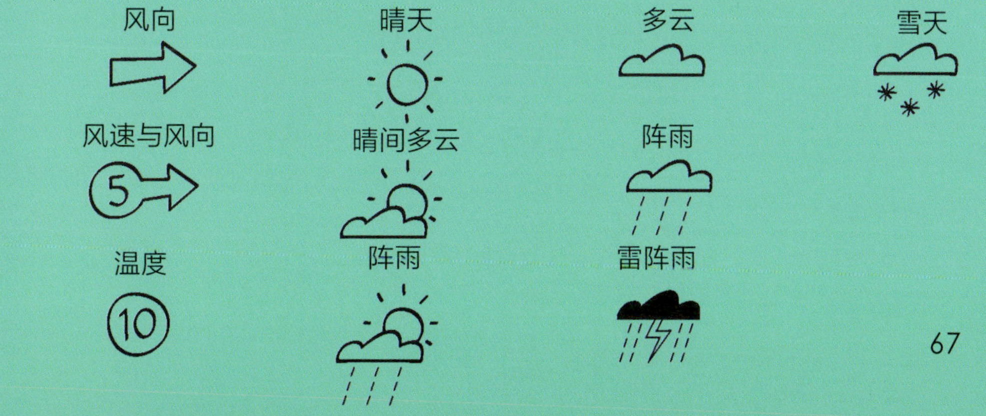

神秘的天气

30秒大揭秘

像飓风这样的极端天气会释放出巨大的能量，因此古人把极端天气视作上帝的神力。古罗马人认为雷电是众神之王朱庇特的杰作。干旱地区的人则常常崇拜雨神，举行特别的仪式祈求上天降下甘霖，滋养大地。

如今，我们对天气的了解远胜以往，但还是有一些未解之谜。这些奇怪的天气包括在强气旋中形成的刺状喷流，飓风尾部的风势往往非常惊人。在雷暴中，轮船桅杆和机翼有时候会发出诡异的光芒。这种被称作“圣艾尔摩之火”的光芒，其实是一种放电现象。

纵观历史，人们记录了形形色色的“雨”：鱼、青蛙、蜘蛛、水母、虫子……什么都下过。专家认为，是强烈的上升气流把这些生物从陆地上或者海洋里卷起，然后把它们扔到另一个地方。

其他怪异的天气包括橙雪、紫雪、闪云，还有破坏力极强的微下击暴流——突然而猛烈的下击气流可能会造成机毁人亡的重大事故。

3秒钟总结

一些罕见的天气事件仍然充满谜团。

小知识

火龙卷

火龙卷是火的龙卷风，常常由龙卷风在野火附近旋转引起的。火随风势，风助火威，卷起的大火常常可持续几分钟时间。火龙卷很少见，但当它们发生时，风火叠加的破坏力可能是毁灭性的。

对刺状喷流、“圣艾尔摩之火”、蛙雨、微下击暴流这样的特殊天气事件，我们仍然知之甚少

气候变化

近年来，天气和气候经常在新闻中出现，这是因为科学家发现地球的气候正在变暖——这就是我们常说的全球变暖。气候变化本来是很缓慢的自然过程，但随着人类活动的加剧，空气中气体的平衡正在发生变化，这造成气候的加速变化。在本章中，让我们一起来看看气候变化的原因和它对人类的影响。

气候变化

30秒大揭秘

人们经常会问这样一个问题，那就是：气候变化到底是不是正常现象？确实，随着时间的推移，地球的气候确实会发生很缓慢的变化。比如说，冰期的气温就比现在低很多。在上一个冰期，地表约30%的土地被冰覆盖，欧洲、亚洲和北美洲的大片土地成为冰封的荒原，被埋在厚厚的冰川之下。

在过去的200万年里，地球上至少经历了15次冰期。冰期之间相对温暖的时期被称为间冰期。但自从上一次冰期在大约1万年前结束以来，地球的气候一直在缓慢而稳定地变暖。

气候变化是一种自然现象，因为地球在围绕太阳公转的同时，也会围绕地轴进行自转；地轴的倾斜角会随着时间的推移有轻微的变动，地球的公转轨道也不是完美的圆形。这些自然因素的微妙变化都会使气候发生变化。

火山喷发也会影响气候。1815年，印尼坦博拉火山的猛烈喷发将大量气体、灰尘和岩石抛向空中。烟尘遮挡了部分阳光，造成地球上的部分地区在接下来的几个月时间中异常寒冷，造成庄稼歉收，发生饥荒。

但是现在，地球的气候变化快于以往任何时期，这是因为人为造成的空气污染。

3秒钟总结

地球的气候会有自然的变化，但变化速度很慢。

小知识

动物与气候变化

气候变化影响动物和人类的生存。在极地地区，冰盖的融化对野生动物而言是灭顶之灾。北极熊需要在海上浮冰上活动，并捕猎海豹，因此，冰面的融化使北极熊的捕食变得越来越难，也使它们的幼崽越来越难生存。南极洲的帝企鹅也要依靠海上浮冰来养育自己的后代。

在过去，只有自然因素能影响气候变化，气候的变化是渐进的；而在今天污染严重的世界里，变化的速度正在加快

上一次冰期：地表约30%被冰覆盖

近代：地表10%被冰覆盖

全球变暖

30秒大揭秘

大气层对保持地面环境温暖舒适、保证生物生长有重要意义。空气中的二氧化碳和水蒸气使阳光能照射到地球，使地球变暖，并防止地球表面散发出的热量逸入太空。

这些气体的作用就像冬天温室的保温玻璃一样，所以我们把它们叫作温室气体，这种保温效应也被称作温室效应。如果没有温室效应，地球表面的平均气温将比现在低33摄氏度左右——各种生物都难以生存。

在过去的大约150年内，人类向大气中排放了大量温室气体。发电站、工厂、汽车和居民住宅都因为燃烧煤和石油这样的化石燃料，向大气中排放了大量二氧化碳。燃烧和砍伐森林也会释放大量二氧化碳，而发展畜牧业和种植业的过程中也会排放另一种温室气体——甲烷。高浓度的温室气体正在使地球变得越来越热。

在过去的30年，高温纪录相继被打破。科学家表示，自1900年以来，地球的平均气温已经上升了0.6摄氏度；到2100年，气温可能还会上升2~5摄氏度。听起来没多少吧，但你要知道，在上一个冰期，地球的平均气温只比现在低4摄氏度！回过头来看，你应该会意识到问题的严重性了。

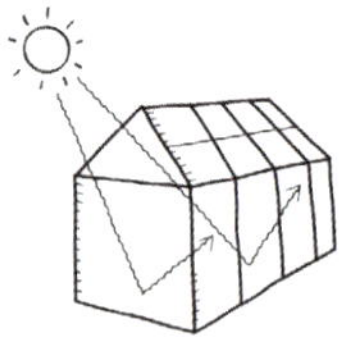

3秒钟总结

空气污染也会让地球过热。

3分钟任务

研究温室效应

你需要：2支温度计、玻璃罐和计时器

把2支温度计放在阳光下晒3分钟，然后记录温度。把玻璃罐盖住其中一支温度计，每10分钟记录并对比2支温度计的读数。玻璃罐里的温度是怎样的？玻璃罐像温室里的玻璃一样把热量困住了。

汽车与工厂排放二氧化碳，加剧了温室效应，使全球变暖
太阳的光线使地球变热
飞机直接向大气中释放二氧化碳
地球的一些热量逸入太空
二氧化碳和其他温室气体保证地表的大部分热量不会散失
树木可以吸收二氧化碳。当森林被砍伐或烧毁时，会释放更多的二氧化碳
汽车和工厂排放二氧化碳

天气的未来

30秒大揭秘

如果你住的地方气候寒冷，全球变暖听上去好像很棒。不幸的是，还有个坏消息——天气看起来要变得更糟糕了。专家认为，将会有更多极端降雨，使洪水更常见。非洲和大洋洲等干旱地带可能会更干旱，农业生产会难上加难。海洋变暖将使飓风出现的频率下降，但强度会增强。

全球变暖使得南北极的冰盖融化，海水随着温度的上升也会膨胀，造成海平面上升。将来，聚集了大量人口和城市的沿海地带将面临更多的洪水威胁。如果海平面上升的趋势无法逆转，一些岛屿可能会被海浪整个吞没。

近年来，海平面上升的速度比以往要快，因此很多国家不得不修建海防设施，以保证滨海城市的安全。

但真正根治的措施在于减少化石燃料的使用，转向不会造成污染的“绿色”替换能源，比如太阳能和水电。使用绿色能源驱动的电动火车和电动汽车也会有所帮助。这些解决方案能让地球的气候保持平衡，从而控制恶劣的天气。

3秒钟总结

使用绿色能源能缓解全球变暖。

3分钟任务

从我做起

只需3分钟，你在家里的一举一动就能为二氧化碳减排出力！

- 把中央空调的恒温器调低1℃。
- 关掉无人房间内的灯。
- 电脑、电视和其他设备不用时关掉电源，不要使其处于待机状态。
- 如果人人都从身边做起，世界会有很大的不同！

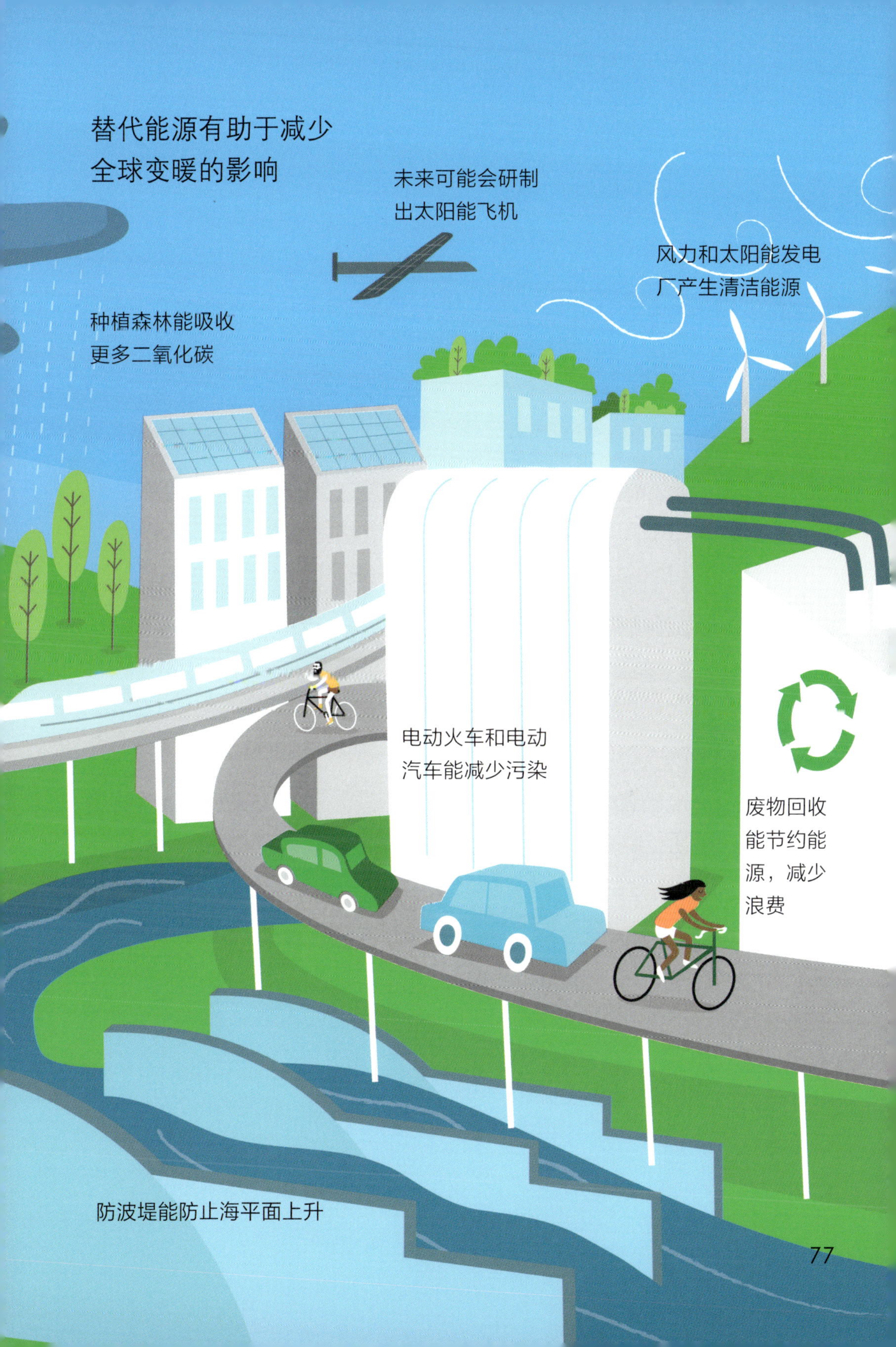

替代能源有助于减少
全球变暖的影响
未来可能会研制
出太阳能飞机
风力和太阳能发电
厂产生清洁能源
种植森林能吸收
更多二氧化碳
电动火车和电动
汽车能减少污染
废物回收
能节约能
源，减少
浪费
防波堤能防止海平面上升